성종은 최승로가 제시한 시무 28조를
받아들여 유교를 정치 이념으로 삼아
문물을 정비해 나갔어요. 이로써 성종은
중앙 집권 체제를 완성했지요.
이즈음 거란이 고려에 쳐들어왔어요.
서희는 거란의 소손녕과 외교 담판을 벌여
80만 대군을 물리쳤어요.
자, 고려의 역사 속으로 들어가 볼까요?

추천 감수 박현숙(고대사)

고려대학교 사범대학 역사교육과를 졸업하고 동 대학원에서 문학박사 학위를 받았습니다. 현재 고려대학교 사범대학 역사교육과 교수로 재직 중이며, 백제 문화와 고대 인물사 등에 대한 활발한 연구를 계속하고 있습니다. 쓴 책으로 〈백제의 중앙과 지방〉, 〈한국사의 재조명〉 등이 있습니다.

추천 감수 정구복(고려사·조선사)

서울대학교 사범대학 역사교육과를 졸업하고 서강대학교에서 문학박사 학위를 받았습니다. 한국학중앙연구원 한국학대학원의 교수로 재직 중이며, 한국학중앙연구원 한국학대학원 원장을 역임하였습니다. 쓴 책으로 〈한국인의 역사 의식〉, 〈역주 삼국사기〉, 〈한국 중세 사학사 1, 2〉 등이 있습니다.

추천 감수 김한종(근현대사)

서울대학교 사범대학 역사교육과를 졸업하고 동 대학원에서 역사교육을 전공하여 문학박사 학위를 받았습니다. 현재 한국교원대학교 교수로 재직 중입니다. 쓴 책으로 〈역사 교육 과정과 교과서 연구〉, 〈역사 교육의 내용과 방법〉(공저), 〈한·중·일 3국의 근대사 인식과 역사 교육〉(공저), 〈역사 교육과 역사 인식〉(공저) 등이 있습니다.

고증 문중양(과학사)

서울대학교 계산통계학과를 졸업하고 동 대학원에서 이학박사 학위를 받았습니다. 쓴 책으로 〈우리 역사 과학 기행〉, 〈우리의 과학문화재〉(공저), 〈세종의 국가 경영〉(공저) 등이 있습니다.

고증 정연식(생활사 및 복식)

서울대학교 국사학과를 졸업하고 동 대학원에서 문학박사 학위를 받았습니다. 쓴 책으로 〈조선 시대 사람들은 어떻게 살았을까?〉(공저), 〈일상으로 본 조선 시대 이야기 1, 2〉 등이 있습니다.

글 박영규

1996년 밀리언셀러 〈한권으로 읽는 조선왕조실록〉을 출간한 이후 〈한권으로 읽는 고려왕조실록〉, 〈한권으로 읽는 백제왕조실록〉, 〈한권으로 읽는 신라왕조실록〉 등 '한권으로 읽는 역사 시리즈'를 펴내면서 쉽고 재미있는 역사책 읽기의 바람을 일으켰습니다. 그 외에도 〈교양으로 읽는 한국사〉 등의 많은 역사책을 썼습니다.

그림 김완진

대학에서 서양화를 공부하고, 현재 프리랜서 일러스트레이터로 활동 중입니다. 그린 책으로 〈꼬마 미술사〉, 〈주생전〉, 〈리어왕〉, 〈호랑이 형님〉, 〈아빠는 잠이 안 와〉 등이 있습니다.

이미지 제공
연합포토, 중앙포토, 국립중앙박물관, 국립부여박물관, 국립경주박물관, 국립민속박물관, 유연태(사진작가), 허용선(사진작가)

광개토 대왕 이야기 한국사 ③⑥ 고려
성종, 중앙 집권 체제를 다지다

총기획 및 발행인 박연환
발행처 (주)한국헤르만헤세
출판등록 제17-354호
연구개발원 경기도 성남시 분당구 금곡동 444-148
대표전화 (031)715-7722
팩스 (031)786-1100
본사 서울시 송파구 석촌동 7-3
대표전화 (02)470-7722
팩스 (02)470-8338
고객문의 080-715-7722
편집 임미옥, 백영민, 윤현주, 지수진, 최영란
디자인 장월영, 주문배, 김덕준, 김지은

이 책의 표지는 일반 용지보다 1.5배 이상 고가의 고급 용지인 드라이보드지를 사용해 제작하였습니다. 표지를 드라이보드지로 제작하면 습기의 영향을 덜 받기 때문에 본문 용지가 잘 울지 않고, 모양이 뒤틀리지 않아 책을 오랫동안 보존할 수 있습니다.

이 책은 기존의 석유 잉크 대신 친환경 식물성 원료인 대두유 잉크를 사용하여 인쇄하였습니다. 대두유 잉크는 선진국에서 널리 사용하고 있는 고가의 대체 잉크로, 휘발성이 적어 인쇄 상태의 보존이 용이하고, 인체에 무해할 뿐만 아니라 눈에 부담을 주지 않는 자연스러운 색을 내는 특징이 있습니다.

성종, 중앙 집권 체제를 다지다

감수 **정구복** | 글 **박영규** | 그림 **김완진**

한국헤르만헤세

중앙 집권 체제를 다진 성종

유학을 중시하다

981년에 왕위에 오른 성종은 노비안검법을 없애고
해방되었던 노비들을 다시 노비로 되돌리는 법을 만들었어요.
호족들을 보듬어 나라를 안정시키려고 한 일이에요.
또한 과거로 진출한 관리들과 신라 귀족 출신의 학자들까지
두루 감싸 안았어요.
왕 중심의 중앙 집권 체제를 만들려는 거였지요.
즉위한 지 1년쯤 되었을 때, 성종은 모든 관리에게 나랏일에
대한 생각과 계획을 적어 내라고 했어요.
"나라에 도움이 되는 것이라면 어떤 내용이든 적어 내라."
고려에 유교를 심기 위해 많은 사람의 지혜를 모으려 했지요.
이때 최승로의 '시무 28조'가 채택되었어요.
성종은 특히 교육에 관심이 많았어요.
"해마다 갑을과를 치러 수재들을 뽑아라.
그들이 나의 부족한 정치를 도울 것이다."
성종은 '교육은 먼 앞날까지 미리 내다보고 계획을 세워야
한다.'는 생각으로 교육 체계를 갖춰 나갔어요.

최승로와 시무 28조

광종은 주로 귀화인들을 중심으로 개혁을 했기 때문에
신라 6두품 출신인 최승로는 높은 벼슬에 오를 수 없었어요.
하지만 그의 학문적 명성은 매우 높았어요.
성종은 즉위하자마자 그에게 높은 벼슬을 내렸어요.
상소문을 올렸을 때 최승로는 56세였어요.
최승로의 상소문은 크게 세 부분으로 나누어져요.
첫째는 상소문을 올리게 된 배경이고,
둘째는 태조에서 경종에 이르는 5대조에 대한 평가이며,
셋째는 왕을 위한 28조의 시무책이었어요.
최승로는 당나라의 역사가 오긍이 〈정관정요〉를
써서 현종에게 올린 일을 높이 평가했어요.
최승로는 자신의 상소문이 〈정관정요〉와
같다고 말했어요.

나라를 잘 다스리는 방법 28가지야.

시무 28조가 뭐야?

▲ 시무 28조의 내용이 실린 고려사

9

최승로는 태조에게는 넓은 도량과 포용력을 배우고,
혜종에게는 왕족 간의 우애를 지키려는 마음을 배우고,
정종에게는 사직을 보존하려는 의지를 배우고,
광종에게는 공평하여 사사로움이 없음을 배우고,
경종에게는 현명한 판단을 배우라고 충고했어요.

시무 28조의
내용이야.

1. 중요한 곳을 가려 국경을 정하고, 그 지방에서 활 잘 쏘고 말 잘 타는 사람을 뽑아 국방을 맡도록 하소서.

2. 불사(불교계에서 행하는 일)가 많아 백성의 고혈을 짜내는 일이 많고, 죄를 지은 자가 중을 가장하고 구걸하는 무리들이 중들과 서로 섞여 지내는 일이 많사옵니다. 원컨대, 군왕의 체통을 지켜 이로울 것이 없는 일은 하지 마소서.

3. 태조 때에는 군사의 수가 많지 않았으나, 뒤에 광종이 풍채 좋은 자를 뽑아 호위케 하여 그 수가 많아졌습니다. 태조 때의 법에 따라 날쌔고 용맹스러운 자만 남겨 두고 그 나머지는 모두 돌려보내어 원망이 없도록 하소서.

4. 왕께서 미음과 술과 두붓국으로 길 가는 사람에게 베풀지만, 적은 은혜는 두루 베풀어지지 못합니다. 상벌을 밝혀 악을 징계하고 선을 권장한다면 복을 오게 할 수 있을 것입니다. 작은 일은 임금의 체통이 아니오니 폐지하소서.

5. 사신뿐 아니라 무역으로 인해 왕래가 빈번하니, 지금부터는 사신 편에 무역을 겸하게 하되, 그 밖의 때에 어긋나는 매매는 일절 금지하도록 하소서.

6. 불보(모든 부처)의 돈과 곡식은 여러 절의 중이 각기 주·군에서 사람을 시켜 관장하며, 해마다 비싼 이자로 백성을 괴롭게 하니 이를 모두 금지하소서.

7. 태조께서는 일이 매우 번거롭게 많아 미처 군·현에 수령을 둘 겨를이 없었습니다. 청컨대 지방관을 두소서.

8. 중이 마음대로 궁궐에 침입하며 총애받는 것을 금하소서.

9. 관료들이 조회할 때는 공복을 입게 하고 옷의 색깔로 높고 낮음을 구분하소서.

10. 중이 객관이나 역사에 머물면서 행패부리는 것을 금하소서.

물론 다섯 왕들의 잘못도 밝혔어요.

그리고 그 원인과 결과를 자세히 따져 놓았지요.

또한 앞으로 나아갈 길을 적었는데, 이것이 유명한 '시무 28조'예요.

'시무 28조'는 오늘날 〈고려사〉에 22조의 내용만 전하고 있지만,

고려의 정치, 경제, 국방, 문화, 사회, 행정 등 전 분야를 다루었어요.

11. 풍속은 각기 그 토질에 따라 다른 것이므로, 모든 것을 반드시 구차하게 중국과 같게 할 필요는 없나이다.

12. 공물과 요역을 공평하게 하소서.

13. 봄에 하는 연등과 겨울의 팔관은 번거로우니, 줄여 주어 백성이 힘을 펴게 하소서.

14. 임금께서는 스스로 교만하지 말고 아랫사람을 공손히 대하며, 죄 지은 자는 모두 법에 따라 벌의 경중을 결정하소서.

15. 궁궐의 노예와 말의 숫자를 줄이소서.

16. 중들이 다투어 절을 짓고, 수령들이 백성을 동원하여 일을 시키니 백성이 매우 고통스럽게 여기고 있습니다. 엄히 금하소서.

17. 근래에 사람들이 재력만 있으면 다투어 큰 집을 지으니 폐단이 많나이다. 제도에 맞지 않는 것은 모두 헐어 버리소서.

18. 신라 말기에 불경과 불상을 만드는 데 모두 금·은을 사용하여 사치가 지나쳤으므로 마침내 멸망하게 되었습니다. 그 풍습을 엄중히 금하여 주소서.

19. 공신의 등급에 따라 그 자손을 등용하여 원망하는 일이 없도록 하소서.

20. 불교는 몸을 닦는 일이고 유교는 나라를 다스리는 근원이니, 몸을 닦는 것은 다음 생을 위한 것이고, 나라를 다스리는 것은 곧 오늘의 일이옵니다. 가까운 오늘의 일은 구하고 먼 다음 생의 일은 버리소서.

21. 종묘사직의 제사 비용은 모두 백성으로부터 나옵니다. 제사를 지내서는 안 되나이다.

22. 광종께서 노비를 안검(살피고 검토함)하니, 천한 노예들이 주인을 모함하는 일이 헤아릴 수 없이 많았나이다. 노비와 송사를 할 때에는 분명히 하여 후회가 없도록 힘쓰소서.

한마디로 유교를 살리자는 거네.

중앙 집권화를 위해 행정 조직을 개혁하다

광종은 왕권 강화를 이루었고, 경종은 전시과 제도를 마련했어요.

성종은 이러한 바탕 위에서 전국적인 행정 조직을

체계적으로 다시 만들었어요.

중앙 집권 체제를 세우기 위해서는 관리들이 전국에 퍼져 있어야 해요.

그래서 중앙을 3성 6부제로 하고 지방에는 12목을 두었어요.

3성은 중서성·문하성·상서성을 말하고,

6부는 이부·병부·호부·형부·예부·공부를 가리켜요.

고려의 6부는 3성 아래에 있었으나,

3성을 거치지 않고 곧바로 국왕의 지시를 받았어요.

그만큼 왕이 직접적으로 나랏일을 볼 수 있었지요.

또 6부 중 병부를 중요하게 여겼어요.

이것은 고려가 군대를 중요하게 여겼다는 뜻이에요.

또한 양주, 광주, 충주 등 지방 12곳에 '목'을 두었어요.

열두 목에는 관리를 파견하여 중앙의 명령이

지방까지 잘 전달되게 했어요.

이후 995년에는 10도제로 바꿔 실시했어요.

전국을 관내도, 중원도, 하남도, 강남도,

영남도, 산남도, 영동도, 해양도, 삭방도,

패서도 등 10개 지역으로 나눈 거예요.

지금의 경기도, 강원도 하는 식의

구분이 이때에 시작되었지요.

이러한 체제는 고려 중기까지

유지되었어요.

예부보다 형부를 더 중요하게 여긴 이유가 무엇이겠느냐?

유교를 통한 중앙 집권화

성종은 고려를 유교 국가로 만들기 위해 연등회와 팔관회 같은 큰
불교 행사를 없애고, 대신 여러 교육 기관을 세웠어요.

유교 윤리 중에서 가장 중요한 것이 어버이를 잘 섬기는 '효'예요.

'효'는 곧 임금과 나라에 충성하는 '충'으로 이어지지요.

성종은 충효 사상으로 무장한 선비들을 길러 내기 위해 노력했어요.

성종이 유교를 받아들인 것은 충효를 내세워
중앙 집권화를 이루기 위해서였어요.

유교를 통한 중앙 집권화는 성종의 교육 정책에서도 나타나요.

성종은 유학을 가르치는 학교를 많이 세워 중앙 집권화를
더욱 단단히 하려고 했어요.

▲ 연등회를 치르는 조계사

연등회는 현종 때
다시 열렸어.

어두운 세상을
밝혀 부처의 은혜를
기리는 행사야.

고려의 교육 기관은 크게 수도에 있는 국자감과
지방에 있는 향교로 나눌 수 있어요.
국자감에서는 박사와 조교가 〈주역〉, 〈상서〉, 〈주례〉,
〈예기〉, 〈효경〉, 〈논어〉 등을 학생들에게 가르쳤어요.
향교에서는 의학, 지리, 율서, 산학 등의 잡학도 가르쳤어요.
아무리 높은 관직에 있어도 쉬지 않고 유학을 공부해야 했어요.
50세 이하의 중앙 관료는 매달 한림원에서 문제를 받아
시 3편, 부 1편씩을 제출해야 했어요.
지방 관료는 매년 시 30편, 부 1편씩을 제출해야 했지요.
정5품 이상의 자제라면 과거 시험을 거치지 않고도
관리가 될 수 있는 음서제가 있기는 했지만,
과거에 급제한 관리보다 더 인정받지는 못했어요.

▲ 고려 때 국자감에 해당하는 성균관 (개성 소재)

997년, 성종이 깊은 병에 걸렸어요.

신하 왕융이 왕의 건강 회복을 위하여 죄인들을 풀어 주자고 했지요.

성종은 거절했어요.

"사람의 목숨은 하늘에 달려 있다.

죄인들을 용서한다고 내 생명이 늘어나는 것은 아니다.

내 뒤를 이을 왕을 위해서도 그럴 수는 없다."

성종은 미신을 믿지 않는 철저한 유학자였어요.

그는 죽는 순간까지도 나라의 안녕과 뒤를 이을 왕을 걱정했어요.

고려를 대표하는 유학자인 이제현은 성종을 이렇게 평가했어요.

'왕실을 튼튼히 하고, 백성들에게 유학을 널리 알렸다.

과거를 통해 인재를 뽑았으며, 관리들에게는 백성들을

잘 돌보라 일렀다.

또한 왕의 자리에 욕심을 내지 않았으니

그 인품이 매우 훌륭하다.

그야말로 진정으로 어진 왕이었다.'

외교 담판으로 거란을 물리친 서희

고려의 국경 밖에서는 거란이 요나라를 세우고 힘을 키워

중원의 송나라와 동쪽의 여진, 그리고 고려를 위협하고 있었지요.

거란은 매우 강한 군대를 가지고 있었기 때문에

함부로 대할 수가 없었어요.

▲ 서희 흉상

거란은 송나라와 맞서기 위해 고려와
화친을 맺고 싶어 했어요.
그러나 고려가 꿈쩍을 하지 않자
강하게 협박을 해 왔어요.
"서경 이북 고구려의 옛 땅은 발해를
멸망시킨 우리 것이다.
신라의 뒤를 이은 고려는 그 땅을 내놓아라."
거란은 소손녕을 보내 고려를 공격했어요.
하지만 가만히 당하고 있을 고려가 아니었지요.
"이런 몹쓸 놈들을 보았나! 고구려는 엄연히 우리 조상이거늘,
다시는 그런 헛소리를 하지 못하도록 해 주겠다."
하지만 소손녕이 데려온 거란 군사는 80만 명에 달했어요.
순식간에 수많은 고려군을 잡아들인
소손녕은 성종에게 편지를 보냈어요.
"자, 어떠냐? 이제 정신을 차렸겠지.
어서 우리에게 항복하고 고구려의
옛 땅을 내놓아라."
소손녕이 이렇게 나오자
고려 조정은 시끄러워졌어요.

그렇다고
가만히 앉아서
빼앗길래?

전쟁이 일어나면
모두 죽을지도 몰라.

거란의 공격이 거세게 계속되자,

신하들은 거란에게 땅을 넘겨주자고 했어요.

고려의 가장 큰 목표였던 북진 정책이 사라지기 직전이었어요.

이때 서희가 나서서 힘주어 말했어요.

"전쟁의 승패는 군사나 무기의 숫자에 달려 있지 않습니다.
적의 약점을 잘 알고 움직이면 충분히 승리할 수 있습니다."

서희의 주장에 이지백도 거들고 나섰어요.

"그렇습니다. 쉽게 그 귀한 땅을 내줄 수는 없습니다."

이제는 고려가 항복을 할 거라고 믿고 잠시 공격을 멈추었던

소손녕은 고려가 손을 들지 않자 다시 공격했어요.

그러나 이번에는 거란이 고려에 패하고 말았어요.

말 한마디에 천냥 빚도 갚는다잖아!

▲ 서희와 소손녕이 담판하는 모습을 그린 역사 기록화

기가 꺾인 소손녕은 또다시 항복하라며 편지를 보냈어요.
이때 서희가 거란 진영으로 들어가 당당하게 말했어요.
"고려는 나라 이름뿐 아니라 도읍까지 고구려를 이어받았소.
고구려의 옛 땅을 논하자면 현재 요나라가 차지하고
있는 요양(지금의 랴오양) 지역도 본래 고구려 땅이니
당연히 고려에 넘겨주어야 할 것이오."
소손녕은 서희의 말에 할 말을 잃었어요.
서희의 말이 워낙 이치에 맞아 대답을 할 수 없게 되자,
소손녕은 다른 트집을 잡았어요.
"고려는 가까이 있는 요나라를
섬기지 않고 바다 건너 송나라를
섬기고 있소.
대체 그 이유가 무엇이오?"

뜰에서 절을 하고 들어와야 상대해 주겠소.

22

서희는 막힘없이 대답했어요.

"요나라와 고려 사이에 여진이 있기 때문이오.

요나라와 고려가 오가기 위해서는 여진을 쳐야 할 것이오.

여진이 머무는 지역에 성을 쌓을 수 있도록 도와주시오."

"음, 그대의 말이 맞구려. 그렇다면 우리는 고려가

여진을 치는 일에 간섭하지 않겠소."

소손녕과 서희의 담판은 이렇게 끝났어요.

서희는 말로써 거란의 80만 대군을 물리치고,

여진족을 정벌할 수 있는 기회까지 얻었어요.

훗날 강동 6주의 기초가 되는 성을 쌓을

수 있게 된 거예요.

송나라, 고려, 여진 사이에 있는 거란의

입장을 잘 이용한 덕분이었어요.

어림없는 소리!
그렇게는 할 수
없소.

역모에 시달리던 목종

천추 태후의 섭정에 휘둘리다

목종이 왕위에 오르자 어머니 헌애 왕후는
왕이 어리다는 핑계로 나랏일에 직접 나서기 시작했어요.
헌애 왕후는 점점 자기 마음대로 나라를
주무르려고 했어요.
"앞으로는 나를 천추 태후라고 불러라.
나는 이 나라의 으뜸이니 모두
내 뜻을 따르도록 하라."
헌애 왕후는 김치양이라는 사람을 궁궐로 불러들였어요.
김치양은 예전부터 헌애 왕후를 좋아하여 걸핏하면
궁궐에 들어와 헌애 왕후와 정을 나누곤 했어요.
성종 때의 일이에요. 김치양이 헌애 왕후와
노닥거리는 것을 본 성종은 이들에게 불같이 화를 냈어요.
성종은 김치양을 매우 쳐서 외딴곳으로 쫓아 버렸어요.
그런데 성종이 죽자
헌애 왕후가 다시 김치양을 불러들인 거예요.

헌애 왕후와 김치양은 사람들의 눈도 두려워하지 않았어요.

버젓이 부부 행세를 하며 아이를 낳기까지 했지요.

김치양은 헌애 왕후를 등에 업고 마음대로 권력을 휘둘렀어요.

급기야 수많은 사람들이 벌 떼처럼 김치양의 집으로 몰려들었어요.

"이번 과거에 저를 붙여 주십시오. 인사는 섭섭지 않게 하겠습니다."

김치양은 이렇게 생긴 재물로 300여 칸이나 되는 집을 지었어요.

목종도 이런 사실을 잘 알고 있었어요.

'나라가 바로 서려면 김치양을 몰아내야 한다.'

이런 생각을 눈치챈 헌애 왕후가 목종을 찾아와 울며 말했어요.

"내게는 김치양이 필요합니다.

어미를 조금이라도 존중한다면 김치양을 그냥 두세요.

만약 그를 건드린다면, 내게도 생각이 있습니다."

헌애 왕후가 이렇게 편들고 으름장을 놓으니

목종도 어쩔 수 없었어요.

모든 권력이 헌애 왕후에게 있었으니까요.

목종은 이후로도 몇 번이나 김치양을 쫓아내려고

했지만, 그때마다 헌애 왕후가 가로막고

나서서 번번이 주저앉았답니다.

내가 막아
줄 테니 걱정
말아요.

왕은 나를
못 쫓아내서
안달이군.

26

권력을 빼앗긴 목종은 차츰 노는 일에 빠져들었어요.

여자보다는 남자와 노는 것을 더 좋아했는데,

특히 유행간, 유충정 두 사람을 가까이했어요.

이 두 사람은 목종을 움직여 자기들 마음대로 나랏일을

주물렀어요.

왕의 명령이라며 마음대로 벼슬을 사고팔기도 했지요.

하지만 왕이 두려워 아무도 이들을 건드리지 못했어요.

이즈음 헌애 왕후는 김치양의 아들을 낳았어요.

이때부터 김치양과 헌애 왕후는 아들을

왕위에 앉히기 위해 온갖 음모를 꾸미기 시작했어요.

당시 태조의 직계 후손은 대량원군밖에 없었어요.

그는 왕건의 여덟째 왕자인 왕욱의 아들이었어요.

어머니는 헌애 왕후의 여동생인 헌정 왕후예요.

헌애 왕후는 대량원군을 없애기 위해 온갖 방법을 썼어요.

한편 목종은 병이 들어 자리에 눕게 되었어요.

목종은 자신이 곧 죽을지도 모른다는 생각에

대량원군을 불렀어요.

왕위 계승만큼은 올바르게 하고 싶었던 거예요.

강조의 반란

어느 날, 서경에서 군사권을 쥐고 있는
강조에게 왕의 명령이 전해졌어요.
"왕께서 급히 찾으십니다."
강조가 서둘러 길을 떠났는데,
위종정과 최창이 쫓아와 길을 막았어요.
"속지 마십시오. 장군을 부른 것은
헌애 왕후와 김치양입니다.
그들은 자신의 아들을 왕위에
올리기 위해 장군을 없애려고 합니다."
강조는 그 말을 믿고 서경으로 돌아갔어요.
그런데 이때 강조의 아버지에게서
전갈이 왔어요.
'왕이 이미 죽고 없으니 병사를 거느리고
와서 국난을 평정하라.'
강조는 병력 5,000명을 이끌고 개경으로 달려갔어요.
그러다가 평주에 도착해서야 왕이 살아 있다는
사실을 알게 되었지요.

기왕에
뽑은 칼이니
휘둘러야겠다!

강조는 군사를 이끌고 온 것을 후회했지만
어쩔 수 없는 일이었어요.
돌아가 봤자 반란을 일으킨 죄로 죽임을 당할 것이 뻔했거든요.
강조는 내친 김에 목종을 폐위하기로 결심했어요.
강조는 목종에게 은밀히 편지를 보냈어요
"귀법사로 피하십시오. 김치양 일파를 없앤 뒤 모시러 가겠습니다."
이렇게 왕을 안심시킨 후, 강조는 궁궐을 공격했어요.
강조의 군사들이 궁궐로 몰려들자, 비로소 목종은 후회했어요.
"강조의 말을 믿어서는 안 되었다. 그는 분명 나를 없애려고 할 게야."
목종은 헌애 왕후와 유충정을 데리고 법왕사로 몸을 피했어요.
궁궐을 장악한 강조는 목종을 폐위시키고 대량원군을 왕으로 세웠어요.
그리고 김치양 부자와 유행간 등 7명을 죽이고,
헌애 왕후의 친척인 이주정 등 30명을 귀양 보냈어요.
한편 법왕사에 숨은 목종은 최항을 시켜 강조에게 부탁을 했어요.
"이곳을 떠나야 할 것 같네. 말을 한 마리 보내 주게나."
목종은 강조의 입김이 미치지 않는 먼 곳으로 가고 싶었던 거예요.
강조가 말을 보내 주자 목종은 그 말을 타고 충주로 갔어요.

강조는 권력을 잡긴 했어도 슬슬 걱정이 되기 시작했어요.
'폐위된 왕이 나중에 다시 왕위를 찾겠다고 나설지도 몰라.
지금 그를 없애지 않으면 내 목이 날아가고 말 거야.'
이렇게 생각한 강조는 부하를 목종에게 보냈어요.
"당신을 매우 싫어하는 백성들이 언젠가는 당신을
죽이려 할 것이오. 그러니 왕으로서의 명예를 지키기 위해
지금 스스로 목숨을 끊으시오."
하지만 목종은 그 말을 따르려고 하지 않았어요.
그러자 강조의 부하들이 목종을 칼로 베었어요.
목종이 죽자 강조의 부하들은 문짝으로 관을 짜서
시체를 담아 두었어요.
부하들이 돌아와 보고하자
강조는 쌀을 가지고 가 목종의 넋을 위로하는 제사를 지냈어요.
그러고는 신하들에게는 거짓말을 했어요.
"왕위를 빼앗기고 상심이 커서 스스로 목숨을 끊으셨소."
목종은 죽은 지 한 달이 지난 뒤에야 화장되었어요.
이때 목종의 나이는 30세였어요.
1009년 2월에 일어난 강조의 역모 사건은
나중에 거란이 고려를 쳐들어오는 빌미가 되었답니다.

고려 초기의 북진 정책

고려는 스스로를 고구려의 후계자라고 내세우며 나라 이름도 고려라고 했어요. 그래서 나라를 세운 뒤 고구려의 옛 땅을 되찾기 위해 북진 정책을 펼쳤어요. 하지만 당시 중국에서는 송, 거란, 여진 등이 힘을 겨루고 있었지요. 고려는 어떻게 북진 정책을 펼쳐 나갔을까요?

🌸 태조와 성종의 북진 정책

태조는 고구려의 옛 수도인 평양을 서경으로 삼고 중요하게 여겼어요. 이는 평양을 북진 정책의 발판으로 삼기 위해서였어요. 그리고 마침내 건국 당시 대동강 아래쪽에 불과했던 영토가 태조 말년에는 청천강까지 올라갔어요. 발해를 멸망시킨 거란을 물리치고 고구려의 옛 땅을 되찾은 거예요.
이후 성종 때는 청천강을 넘어 북으로 진출, 압록강 아래쪽의 여진족을 몰아냈어요. 이렇게 고려는 기회가 있을 때마다 북진 정책을 펼쳤어요.

평양은 고구려 옛 땅을 되찾는 출발점이 되었어.

▲ 평양성의 칠성문

▲ 서희와 소손녕이 담판하는 모습을 그린 기록화

🌸 강동 6주를 되찾다

발해가 멸망하자 고려와 거란은 국경선이 맞닿게 되었어요. 그런데 고려가 거란을 업신여기고 송나라와만 친하게 지내자, 993년(성종 12)에 거란의 소손녕이 침략하여 고구려의 옛 땅을 내놓으라고 했어요. 이때 서희가 뛰어난 말솜씨로 고려는 고구려를 계승한 나라이므로 만주도 원래는 고려의 땅이며, 거란이 고려와 외교를 하려면 먼저 압록강 하구의 여진족을 몰아내야 할 것이라고 주장하여 오히려 강동 6주를 되찾았답니다.

🌸 윤관의 동북 9성

강동 6주와 함께 고려의 북진 정책을 대표하는 곳이에요. 1107년 예종 때, 여진족이 세력을 키우며 고려를 위협하자 윤관이 별무반을 이끌고 나아가 천리장성 너머 동북 지역의 여진족을 몰아냈어요. 그 후 1107년부터 1108년에 걸쳐 그 지역에 9개의 성을 쌓았지요. 그 뒤 살 곳을 잃은 여진족은 고려에 동북 9성 지역을 돌려달라고 요청해 와 고려는 동북 9성을 쌓은 지 1년여 만에 여진족에게 돌려주었어요.

▲ 강동 6주와 동북 9성

▲ 윤관 동상

🌸 고려 말까지 계속된 북진 정책

고려 말에도 여러 왕들이 북진의 꿈을 접지 않았어요. 고려 제31대 왕인 공민왕은 즉위 초기에 원나라 세력이 약해지자 압록강 서쪽의 팔참을 정벌했으며, 1370년부터 1371년에 걸쳐서는 동녕부와 요양을 정벌했어요. 또한 제32대 왕인 우왕 때의 요동 출병도 모두 북진 정책을 이어받은 것이지요. 태조 왕건이 내세운 북진 정책의 이념은 고려를 넘어 조선 초기까지 계속 이어졌답니다.

한국사 돋보기

왜 고구려 대신 고려라는 이름을 사용했을까?

중원 고구려비를 보면, 고구려 때 이미 나라 이름을 고려라고 부른 사실을 알 수 있어요. 그렇다면 고려는 정말 고구려를 계승한 나라일까요? 이것은 서희가 "우리나라는 고구려의 후예이니, 만일 국경선을 따지자면 요나라의 요양(랴오양)은 본디 우리나라 옛 땅에 속한 것이다."라는 주장으로 거란을 물리친 사실에서 확실히 알 수 있어요. 거란이 거부할 수 없을 만큼 국제적으로 인정받고 있었다는 증거이니까요. 또 서긍의 〈고려도경〉과 〈송사〉, 〈원사〉의 고려전에도 고려가 고구려를 계승한 나라라고 쓰여 있어요.

중원 고구려비는 고구려 장수왕 때 세운 비석이야.

고려를 지킨 개경 나성과 귀주성

거란의 침입을 자주 받았던 고려는 일찍부터 많은 성을 쌓았어요. 그중에는 성종 때 쌓아 귀주 대첩을 승리로 이끌어 준 귀주성을 비롯해, 도읍을 지키기 위해 현종 때 쌓은 개경 나성, 그리고 여진족을 막기 위해 덕종 때 쌓은 천리 장성 등이 있어요.

▲ 귀주성의 진남루(위쪽)와 귀주성의 지하 통로(아래쪽)

❀ 귀주 대첩 하면 생각나는 귀주성

귀주성은 돌을 쌓아 만든 산성이에요. 고려 성종 때 서희가 거란의 침략을 막아 내려고 처음 만들었다고 해요. 귀주성은 압록강부터 청천강에 이르는 중요한 길목을 지키던 성이에요. 귀주성은 단 한 번도 외적에게 점령당한 적이 없대요. 귀주성이 있는 이구산은 골짜기가 깊고 능선이 울퉁불퉁해서 적군이 침입하기가 어려웠기 때문이지요. 게다가 지하에 굴을 파고 길을 내서 밖에 있는 사람들과 쉽게 연락할 수 있었대요.

고려 말에 몽골이 침입했을 때도 삭주와 의주의 백성들이 모두 귀주성에 모여 적군을 물리쳤다고 해요.

❀ 도읍을 굳게 지킨 개경 나성

고려는 궁예 때 쌓은 발어참성을 토대로 황성을 쌓아 도읍 개경을 지켰어요. 그러다가 11세기 초 거란의 3차 침입 이후에 강감찬의 건의로 황성 바깥에 나성을 쌓기 시작해 1029년에 완성했어요.

개경 나성은 북쪽의 송악산에서 남쪽의 용수산까지 구릉을 따라 개경 전체를 둘러싸고 있는데, 그 길이는 약 16킬로미터나 되며 모두 25개의 성문이 있어요.

▲ 개경의 나성

한눈에 보는 연표

우리나라 역사   세계 역사

980

성종 즉위 ➡ 981 ⬅ 이집트, 파티마 왕조 지배 시기(969~1171)

최승로, '시무 28조' 올림 ➡ 982

전국에 12목 설치 ➡ 983 ⬅ 신성 로마 제국, 오토 3세 즉위

의창 설치 ➡ 986

➡ 팔관회 폐지 ➡ 987 ⬅ 프랑스, 카페 왕조 시작

▲ 시무 28조

팔관회가 폐지됨

팔관회 행사를 하고 있는 모습
이에요. 태조는 팔관회를 '부처
를 공양하고 귀신을 즐겁게 하
기 위해 벌이는 행사'라고 말했
어요.

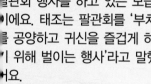

990

중추원 설치 ➡ 991

국자감 설치 ➡ 992

거란의 1차 침입 ➡ 993 ⬅ 거란 소손녕, 고려의
서희와 담판을 벌임

건원중보 주조 ➡ 996 ⬅ 신성 로마 제국 오토 3세,
사촌 형을 교황으로 임명함

목종 즉위 ➡ 997

전시과 개정 ➡ 998 ⬅ 북송, 진종 즉위.
연호를 '함평'으로 정함

카롤루스 대제와 위그 카페

프랑스의 '카페 왕조'는 987년에
위그 카페가 일으킨 왕조예요.
카페 왕조는 1328년까지 이어지
며 프랑스를 통일해 나갔어요.

> 최승로가
> 팔관회랑 연등회 규모를
> 줄이자고 건의했어.

> 카페 이전의
> 프랑스 왕조는
> 카롤링거 왕조야.

1000

1001 ⬅ 가즈니 왕조, 인도 침략

1002 ⬅ 신성 로마 제국, 하인리히 2세 즉위

과거법 개정 ➡ 1004

월정사 8각 9층 석탑 건립 ➡ 1007

1008 ⬅ 북송, 공자에게 '현성문선왕'이라는 시호를 내림

강조의 정변 일어남 ➡ 1009

▼ 월정사 8각 9층 석탑